Fredrik Vahle
Der Himmel fiel aus allen Wolken

Fredrik Vahle

Der Himmel fiel aus allen Wolken

Gedichte, mit Bildern von Norman Junge

Fredrik Vahle, geb. 1942, studierte Germanistik und Politik. Schreibt seit 1972 Kinderlieder. Konzerte, Veranstaltungen mit Kindern. Er veröffentlichte Liedkassetten und Bücher mit Kinderliedern (u. a. »Das Anne Kaffeekanne Liederbuch«). Bei Beltz praxis erschien ein »Liederbuch« mit Anleitungen.

Norman Junge, geb. 1938, lebt als freischaffender Künstler in Köln. Tätigkeit für Werbeagenturen, Ausstellungen und Zeichenfilme, veröffentlichte u. a. mehrere Bilderbücher. Ausgezeichnet mit dem Troisdorfer Bilderbuchpreis (wiederholt) und Teilnahme an der Biennale der Illustration in Bratislava (BIB).

© 1994 Beltz Verlag, Weinheim und Basel
Programm Beltz & Gelberg, Weinheim
Alle Rechte vorbehalten
Einband und Titelbild von Norman Junge
Gesamtherstellung Druckhaus Beltz, 69494 Hemsbach
Printed in Germany
ISBN 3 407 79654 4

Trauerkloß und Augenstern

Vom Miteinandersein

Gedicht für dich

Nur für dich
ist dieses Gedicht.
Ich widme es dir.
Nein, du kennst es noch nicht.
Es hat ruhigen Atem,
drum mach dir's bequem
in der Sofaecke, wie angenehm!
Du gähnst?
Du kannst dich auch räkeln und strecken.
Das Gedicht macht auch so Spaß,
das wirst du entdecken.
Es steht nämlich hier
auf diesem Papier.
Nein, es ist nicht von Goethe.
Es ist einfach von mir.
Für solchen Tüdelkram
nehm ich mir Zeit.
Dann wird mir das Herz
wie die Welt so weit,
und ich laufe hinaus
aus Stunk, Streß und Rummel,
und schon beißt sie mich ...
die poetische Hummel.
Dann mache ich Verse ganz nebenbei
aus Aufmerksamkeit und Träumerei ...
Was? ...
Das Gedicht? ...
Ach, das. Das geht so.

Hör dir's nur an, und schon macht's dich froh.
Du wirst sehn, es ist kürzer, als du denkst.
Und außerdem kennst du es ja schon längst.
Es steht nämlich hier auf diesem Papier.
Es ist jetzt zu Ende, und ich widme es
dir!

Gedicht vom Ich

Ich bin ich,
na klar, oder nicht?
Ich bin ich,
kann jeder Mensch sagen.
Aber wer oder was
ist denn nun ein Ich?
Schon bin ich mittendrin im Fragen. –
Wo fängt Ich an?
Wo hört Ich auf?
Ist Ich immer gleich,
ob ich sitz oder lauf?
Ob ich sieben oder siebzig bin?
Ist mein Körper das Ich
oder steckt's mittendrin?
In der Brust, im Herz
oder unten im Bauch,
im Kopf, im Verstand
sitzt es ganz oben drauf?

Oder wohnt es mitten in meinen Gefühlen?
Vielleicht sitzt es irgendwie zwischen den Stühlen
und weiß selber nicht,
was es eigentlich ist.
Wenn's mir fehlt –
von wem wird das Ich dann vermißt?
Steckt mein Ich auch in meinem kleinen Zeh
und in den Füßen,
auf denen ich geh?
Ist mein Ich auch
in meinem eigenen Haar?
Ich fasse es an,
na klar isses da.
Und schneidet mir der Friseur klipp klapp
einfach von meinem Ich etwas ab?
Und dann der Zahnarzt oje, oje –
mein Ich, das schrumpft, wenn ich zu ihm geh.
So ein kleiner Schmerz, ja, das geht ja noch,
doch findet er in meinem Zahn dann ein Loch
und er zieht einen Zahn (der kommt niemals zurück) –
fehlt dann vom Ich nicht ein kleines Stück?
Und etwas, was ich auch gern wüßt:
Wenn jemand vor Glück ganz außer sich ist.
›Außer sich‹ heißt doch, raus aus dem Ich!
Manchmal versteh ich mich selber nicht.
Jemand ist außer sich vor Wut –
bleibt das Ich dann bei sich
und es geht ihm ganz gut?
Hab ich Sorgen und Angst
bis über die Ohren,

wird mein Ich so klein
als hätt ich's verloren,
und muß ich was tun,
was ich gar nicht mag,
dann jammert mein Ich
den ganzen Tag ...
du mußt ...
du sollst ...
du sollst ...
du mußt ...
Das Ich verschwindet.
Es hat keine Lust.
Und wer viel Geld hat,
hat der auch viel Ich?
Und wer wenig hat,
der hat's eben nicht?
Vielleicht hat das Ich auch was ausgeheckt,
als blaues Männchen sich in dir versteckt,
lacht wie's Rumpelstilzchen,
sagt: Such nur, such!
Kauf dir ein kluges Ich-findungs-buch ...
oder auch dreizehn, davon gibt's genug,
mach dich auf die Suche nach deinem Ich,
suche und suche –
du findest es nicht.
Es ist kein Persönchen, hat kein Gesicht,
wenn du's finden willst, dann suche es nicht ...

Du bist mit allem dein Ich,
was du tust,

wie du gehst, wie du atmest,
wachst oder ruhst,
wie du hörst, wie du siehst,
wie du riechst, wie du schmeckst
und dir nach dem Essen die Lippen leckst,
wie du fühlst, was du selbst und was andere sind,
kalt und warm, warm und kalt,
Welle, Wasser und Wind.
Dein Ich brauchst du gar nicht
gesondert zu suchen.
Das ist philosophischer Käsekuchen.

Du bist, was du bist in deinem Leben.
Dich kann's auf der ganzen weiten Welt,
so wie du bist,
nur einmal geben.
Es ist, wie es ist,
Punkt Komma und Strich:
Viele Grüße von meinem
an wen?
An dein
Ich.

Leicht gedattelter Zuneigungsvers

Vom Himmel
der Stern …
und vom Apfel
der Kern …
von der Dattel
das …tel,
doch das ›Dat‹
ist zu schnell.
Kommt die Luft raus
heißt's dassssss.
Vorne weich
heißt es wwwas.
Alles ab,
bleibt ein a
ein winziges a.
Aus dem a
wird ein ☆
und ich
hab Dich gern.

Junge, Junge, Junge!

Heidi hat sich in Hannover verfranzt.
Silke ist in Köln angepetert worden.
Bei Gabi hat es ausgerolft.
Katharina sieht so angejant aus.
Barbara macht einen völlig überfritzten Eindruck.
Christine ist ziemlich ausgeknutet.
Dorothea ist immer noch richtig verpault.
Nicole ist schon wieder zugeklaust.
Junge, Junge, Junge!

Pitsch macht die Träne

Deine Träne
tropft auf meine Backe.
Pitsch macht die Träne,
zuck macht die Backe.
Ein Augenzwinkern lang –
nun lachen wir beide.

Von wo kommt das Glück?

Vor und zurück,
woher kommt es, das Glück?
Kommt's vom Lotto,
kommt's von Luise,
aus dem Himmel,
aus der Sommerwiese?
Kommt's von Gott,
vom Frühaufstehn?
Vom unentwegten Nach-Innen-Sehn?
Kommt's aus der Südsee,
kommt's aus der Nähe,
die ich spüre, wenn ich dich wiedersehe?
Liegt's auf dem Teller,
kommt's aus der Flasche
oder der dicken Westentasche?
Aus Champagner und Hummer und Lachsschinken rot
oder aus Müsli und Vollkornbrot –
viele die's suchten in Jahren und Stunden
haben nicht einmal seinen Schatten gefunden.
Frag den Professor, frag die Kälber,
sie dozieren, sie blöken, sie wissen es nicht –
ich sage dir: es kommt von
selber!

Ein Kind kam zu uns

Ein Mann hat gehungert
ums tägliche Brot.
War's im Süden?
War's im Norden?
Das Land ist vertrocknet,
von der Sonne verbrannt.
War's hier? War's dort? War's irgendwo?
Wer dort blieb, ist vielleicht schon ... gestorben.

Eine Frau war in Not,
eine Frau hat geweint.
War's im Süden?
War's im Norden?
Der Krieg hat das Haus
und den Herd zerstört ...
War's hier? War's dort? War's irgendwo?
Wer dort blieb, ist vielleicht schon ... gestorben.

Ein Kind kam zu uns,
hat geweint und gelacht.
War's im Süden?
War's im Norden?
Ein Kind hat gesungen.
Ein Kind hat getanzt.
War's hier, war's dort? War's irgendwo?
Ein Kind ist im Feuer gestorben.

Hatschi, geschenkt und aus

Ein Gedicht für dich
durch die Blume gesprochen
wie ein Veilchen,
das hat nach Frühling gerochen.
Oder auch wie eine Mimose
eine Aster im Herbst
eine Heckenrose
ein Trompetenblümchen
ein ganz leises
ein Gänseblümchen
ein naseweises
eine Silberdistel
die pieksen kann
eine Sonnenblume
so groß wie ein Mann
eine spiegeleigelbe
Sumpfdotterblume
Löwenmäulchen
und Schlüsselblume.
Und manchmal ist
so ein kleines Gedicht
wie ein ganzes Bündel
Vergißmeinnicht.

Blume an Blume
ein ganzer Strauß
halte ich dir

unter die Nase
das leuchtet und duftet
das kitzelt und piekst …
Durch die Blume gesprochen
an der Blume gerochen
Blume an Blume
ein ganzer Strauß
für dich.
Hatschi!
geschenkt
und aus.

Was hast du, Kind, was hast du?

Was hast du, Kind, was hast du?
Mutter, es stehen so große Wolken am Himmel.
Was hast du, Kind, was hast du?
Mutter, mein Gesicht war im Wasser. Es war ganz weiß.
Was hast du, Kind, was hast du?
Mutter, der Wind weht so weinend.
Was hast du, Kind, was hast du?
Mutter, es kommt ein großer Regen.
Was hast du, Kind, was hast du?
Mutter, müssen wir alle sterben?
Muß jeder Mensch sterben?
Es sind so schöne Wolken am Himmel. Der Wind weht.
Jeder muß sterben.

Loch in der Landschaft

Kleine Dinge
und Augenblicke

Das Samenkorn

Unter der Erde
ruhig und tief
lag es begraben
und schlief.
Die Erde
roch ein wenig nach Mist,
was auch im Frühling
nicht selten ist.
Da begann es zu spüren,
was warm und kalt,
was feucht und trocken
und auch was oben und unten ist.
Und weil es erwachte
und nicht mehr schlief,
begann es zu wachsen
nach unten und oben,
der Himmel ist blau,
nach oben und unten,
die Erde ist tief.
Tief aus der Erde
dem Himmel zu
Gras, Blume und Baum
Fisch, Vogel und Kuh
und mittendrin
auch ich und du.

Loch in der Landschaft oder
Trauriger Augenblick
durch die Zeitlupe betrachtet

Ein Mann ging durch die Bäume,
sein Hund lief hinterher.
Die Bäume –
abgehauen.
Jetzt geht da gar nichts mehr.

Die wundersame Wirkung
von Sprache und Spucke oder
Keine Angst vor fernen
Planeten oder Nächtliches
Schauspiel am Dorfteich

Du
wirst vor mir erzittern!
sagte zum Mond
die Maus
und spuckte
ins Wasser.

23

Der Stein

Es war einmal ein Stein,
hat weder Kopf noch Bein.
Er sah die Menschen wetzen,
er sah die Menschen hetzen
und sah sie oft beim Denken
sich ihren Kopf verrenken,
und manche sah er holpern
und über sich wegstolpern
und dachte: Was hat so ein Leben für'n Sinn?
Der Mensch will immer woanders hin.
  Warum nur … Fragezeichen,
   es ist zum Steinerweichen.
Ich bin stets hier und niemals da
und kleiner als Amerika.
Ich bin von dieser Welt ein Stück,
und wo ich bin, da ist das Glück.

Da kam der kleine Mathias Speck
und warf ihn im hohen Bogen weg.

Der Stein ist fortgeflogen …
in einem schönen Bogen …
und sprach, als er gelandet war:
Bin immer hier und niemals da!
Und flüstert dann ganz leise:
Was sind wir Steine weise.

Die Meeresmuschel

Die Meeresmuschel
kommt von weit her.
Jemand hat sie dir mitgebracht,
und du freust dich.
In der Muschel
hörst du es rauschen, das weite Meer.
Hinter dem Meer rauschen sieben andere Meere,
und hinter den sieben Meeren
liegt eine Insel
mit schwarzem Sand und weißen Häusern.
Vor einem Haus
steht ein großer Baum,
und neben dem Baum steht ein kleiner Junge.
Die Blätter am Baum verwandeln sich in Vögel
und fliegen davon.
Die Meeresmuschel
kommt von weit her,
hineinhören kannst du –
da klingen … Stimmen aus Wasser
und Stimmen aus Wind
und Geschichten
von Seesternen und Mondfinsternissen
und Schiffen, die fahren ans Ende der Welt.
Die Muschel macht die Ferne nah,
du hörst sie rauschen
an allen Enden
und hältst sie
in deinen eigenen Händen.

Für den Stein in meiner Hand

Läßt dich nicht erdrücken …
Bist hart!
Läßt dich sanft streicheln …
Bist weich!
Fliegst durch die Luft …
Bist leicht!
Fällst auf die Erde …
Bist schwer!
Liegst im Gras und wartest …
Bist geduldig!
Schmiegst dich in meine Hand …
Bist zärtlich!
Hast Sonne in dir …
Bist warm!
Hast Mond in dir …
Bist kühl!
Zeigst nach dem Regen seltsame Farben.
Gehst dem tiefen Wasser auf den Grund.
Läßt dich fallen, wie du bist …
Du gefällst mir!

Geschichte vom Blatt am Baum

Niemand ist so grün wie ich,
sagte das Blatt am Baum,
grün, grün, grün,
Frühling und Sommer hindurch.

Niemand ist so bunt wie ich,
sagte das Blatt am Baum,
bunt, bunt, bunt,
denn der Herbst ist gekommen.

Niemand ist so bewegt wie ich,
sagte das Blatt am Baum,
bewegt, bewegt, bewegt,
von der Brise mit den kühlen Fingern.

Niemand ist so froh wie ich,
sagte das Blatt am Baum,
froh, froh, froh.
Erhob sich ein Flüstern von vielen Blättern:
Bald kommt der Wind. Bald werden wir tanzen.

Kam der Wind von weither und nahm
all die Bäume in seine Arme,
wiegte sie wie die Wellen im Meer.
Fielen im Traum manche Blätter zur Erde.
Aber das Blatt blieb am Baum.

Kam der Sturm über Nacht,
rüttelte die Kronen der Bäume,
fauchte, tobte, brüllte,
fast bis zum Morgen.
Aber das Blatt blieb am Baum.

Kam der Nebel und hüllte es ein.
Konnte es niemand mehr sehn.
Fühlte es sich so geheimnisvoll,
fühlte es sich, als müßte es fort
aus den kühlen Händen des Nebels.
Aber das Blatt blieb am Baum.

Kam die Sonne am Morgen.
Verflogen der Nebel.
War es rundum sehr hell und sehr still.
Löste sich das Blatt wie von selbst,
schwebte sehr sacht hernieder zur Erde,
federleicht fliegend im hellen Licht –
wurde mit vielen Blättern zu Laub
auf der hart gefrorenen Erde.

Meine bielen Monsterlieblinge

Wenn Sprache an zu hüpfen fängt

Liebe Kinder!

Jetzt erzähle ich euch von meinen …
lieben Sieblingsmonstern.
Wie bitte?
Nein, von meinen monstern Lieblingssieben.
Wie bitte?
Nein, von meinen bielen Monstersieblingen.
Wie bitte?
Von meinen sieben Lieblingsmonstern!
Schanke dön.

Das blaue Huhn

Die Kuh, die kam auf Stelzen,
die Fliege kam im Frack,
das Ferkel hatte Socken an
und roch nach Schabernack.

Der Goldfisch, der fuhr Dreirad,
der Hering trug 'nen Hut.
Die Wanze kam im Nachthemd,
der Mops im Schwebeflug.

Dann kam ein karierter Käse
und endlich ein blaues Huhn.
Das sagte mir:
Mir fiele nichts ein ...
Was soll ich,
was soll ich
was soll ich
was soll ich
was soll ich
nur tun?

Er aß seinen Hut

Er
aß seinen Hut.
        Würg!
Er
pinkelte eine Wolke naß.
        Igitt!
Er
flog mit dreizehn Fischen davon.
        Na, so was!
Und
hinterließ ein Nichts.
Das
kannst du in diesem Kreis sehen.

Ich sehe nichts!

Ich sage: A
Gedicht zum Weitersprechen

Ich sage: A
Ich sage: Ja
Ich sage: Nein
Ich sag: Herein
Ich sage: Mein
Ich sag: Allein
Ich sage: Jetzt
Ich sage: Nie
Ich sage: Was?
Ich sage: Wie?
Ich sage: Hund
Ich sage: Katz
Ich sage: Fritz
Ich sage: Fratz
Ich sage: Matsch
Ich sage: Quatsch
Ich sage: Oh!
Ich sage: Wo
Ich sage: Not
Ich sage: Tot
Ich sage: Nichts
Ich sage: Sehr
Und jetzt sprich du
Ich sag nichts mehr

Hokus pokus fidibus

Hokus pokus fidibus
der Zauberer hat Hexenschuß,
doch seine Frau, die Zauberin,
die kriegt das wieder hin.

Sie legt die Hände auf sein' Kopf,
das tut dem Zaubrer gut.
Die Hände von der Zauberin
sind wie ein warmer Hut.

Sie legt die Hände auf die Ohr'n,
jetzt kann der Zaubrer lauschen.
Er hört in ihren Händen drin
ein Grummeln und ein Rauschen.

Sie streichelt ihm die Schultern sanft,
da soll'n ihm Flügel wachsen.
Dann braucht er nicht mehr so viel gehn,
kriegt keine müden Haxen.

Sie drückt mit ihren Daumen sacht
die Wirbelsäule runter,
ganz langsam bis zur Hüfte geht's,
das macht den Zauberer munter.

Sie knetet ihm die Hüften durch
und streichelt ihm den Bauch.

Der Hexenschuß ist plötzlich weg,
da steht der Zaubrer auf.

Der Zauberer und die Zauberin,
die reichen sich die Hände
und drehen sich im Kreis herum,
da fliegen alle Wände.

Die Hex', die wollte schießen und
kam wieder angeloffen,
doch beide drehten sich ganz schnell,
da hat sie nicht getroffen.

Rose & Käse –
Tragödie einer Hasennase –
Vom Scheitern der Nasenweisheit –
Der verruchte Geruch

Es war einmal ein Käse,
ein schöner runder Käse,
der lag auf einer Bank
und stank.

Da schimpft die rote Rose:
Potz, Donner, Hemd und Hose,

der Käse ist aus Schimmel,
der stinkt ja bis zum Himmel.

Ein Hase saß im Grase
und kräuselt seine Nase,
er schwenkt sie schnell von rechts nach links:
Was ist das, duftet's oder stinkt's?

Riecht das nach Rosenkäse
oder nach Käserose?
Nach Käserosenkäse?
Nach Rosenkäserose?

Vom Riechen kriegt der Hase
ein' Knoten in die Nase.
Er hüpft davon der Nase nach,
bis er fast auf der Nase lag.

Er roch nur Rosenkäse,
die Nase wurd zur Näse.
Ihm war so schräg, der Nachbar grüßt:
Schön' guten Tag, Herr Häse.

Manchmal das Meer

Manchmal setzt sich das Meer,
ich weiß nicht auf welchen Stuhl ...
Manchmal sitzt das Meer
auf dem Balkon vom Strandhotel und gähnt ...
Manchmal setzt sich das Meer neben mich,
und wir haben die gleiche Wellenlänge ...
Manchmal setzt sich das Meer
zum Meditieren hin, spiegelt sich im siebten Himmel.
Manchmal setzt sich das Meer
ab und versteckt sich hinter dem Steilufer.
Manchmal setzt sich das Meer
über alles hinweg.
Manchmal setzt sich das Meer
auf den Grund und weint.
Manchmal setzt sich das Meer
an den Tisch und spinnt windseidiges Seemannsgarn.
Manchmal setzt sich das Meer
auf eine Postkarte und macht eine weite Reise ...

Mitten im Land
sagt ein Meerschweinchen: Huch,
ist das eine Freude.
Das Meer zu Besuch.
Manchmal das Meer ...

Heimliches Mondentanzlied

Ja, der Mond kommt heut nicht raus.
Ja, der Mond bleibt heut zu Haus,
tanzt im Kreise ganz, ganz leise,
lacht dabei sich selber aus.

luna, luna, luna, lu
lu maluma mali mu
lu maluma mali mo
luna, luna, luna lo.

Ja, der Mond kommt heut nicht raus.
Ja, der Mond bleibt heut zu Haus,
tanzt im Kreise ganz, ganz leise,
lacht dabei sich selber aus.

Hüpft auf einem Mondenbein,
hüpft im eignen Mondenschein
und macht Kopfstand, macht Spagat,
dreht sich, wirbelt, schlägt ein Rad.

Ja, der Mond kommt heut nicht raus.
Ja, der Mond bleibt heut zu Haus,
tanzt im Kreise ganz, ganz leise,
lacht dabei sich selber aus.

Tönt und brummt den Mondenton
wie ein riesengroßer Gong,

schwingt und zittert, summt und dröhnt,
bis er vor Vergnügen stöhnt.

Ja, der Mond kommt heut nicht raus.
Ja, der Mond bleibt heut zu Haus,
tanzt im Kreise ganz, ganz leise,
lacht dabei sich selber aus.

Ist mal gelb, mal rot, mal blau,
Keiner weiß es nicht genau,
guckt kariert und tanzt im Schritt,
tausend Sterne tanzen mit.

luna, luna, luna, lu
lu maluma mali mu
lu maluma mali mo
luna, luna, luna lo.

Doch dann schwingt er sich hinauf,
steigt am Abendhimmel auf.
Als er übern Berg hochkroch,
lächelte er immer noch.

Sein Lieblingsschwein hat so komisch geguckt

Von Schweinen, Hummeln und Spatzen

Das Geschichtenschwein

Ich hab neulich mit einem Schwein gesprochen,
es grunzte so seltsam vor sich hin
und hat auch ganz deutlich nach Schwein gerochen,
als ich stehengeblieben bin.

Zuerst hat es mit jemand anderm geredet,
und zwar mit den Hühnern von nebenan.
Manchmal hörte sich sein Grunzen
wie ein Hühnerkakeln an.

Dann kam es zu mir und grunzte mich an
mit einem Na-wer-bist-du-Gesicht
und hat mir wirklich sehr viel erzählt,
aber viel verstanden habe ich nicht.

Die Katze von Lucia

Die Katze von Lucia
steht auf und gähnt und reckt sich.
Die Katze von Lucia
steht auf und gähnt und streckt sich.

Sie dreht den Kopf zum Himmel
und bis zur Erde runter.
Sie macht ein großes Löwenmaul,
nur langsam wird sie munter.

Refr. O Lucia, guck mal da, was hat 'se.
O Lucia, 'ne wunderbare Katze.
O Lucia, die Katze ist ein Schatz.
O Lucia, dies Lied ist für die Katz.

Die Katze von Lucia
steht da und gähnt und reckt sich.
Die Katze von Lucia
steht da und gähnt und streckt sich.

Mit ihrer rechten Schulter,
da streichelt sie ihr Ohr,
und mit der linken tut sie's auch
ganz sanft zurück und vor.

Refr. O Lucia, guck mal da, was hat 'se …

Sie streichelt sich den Hinterkopf

und macht den Buckel krumm.
Die Katze von Lucia
fällt dabei beinah um.

Dann schläft sie in der Sonne
und braucht keine Matratze
und ist von Schwanz bis Schnurrbarthaar
Lucia ihre Katze.

Refr. O Lucia, guck mal da, was hat 'se ...

Das Abendwolkenschaf

Das Abendwolkenschaf
schaut weithin übers Land.
Es lockt den Abend an
vom letzten Himmelsrand.

Das Abendwolkenschaf
steht oben auf dem Deich.
Wenn es nach Hause geht,
dann dunkelt es sogleich.

Das Abendwolkenschaf,
weiß niemand, wo es wohnt,
doch wenn es geht, erscheint
der gute, stille Mond.

Schalk im Genick

Es hatte wohl
den Schalk im Genick,
sprang durch die Wiese
Stück für Stück,
Bocksprünge zick-zack
und zack-zick zurück.
Spring ins Feld,
spring ins Gras,
spring ins Glück!
Stand plötzlich vor mir,
als wollte es sagen:
Nanu,
wer bist du?
Und sah mir zu
mit dem Schalk im Genick,
einen fast etwas bangen,
geheimnisvoll langen
Frühlingswiesen-
augenblick.

Die Katze und ich

Ich sitze da
und möchte mich besinnen,
der Stille guten Tag
und
den vielen Hin- und Hergedanken
lebt wohl sagen
und die Ruhe in mir aufsteigen lassen
wie klare Morgenluft.
Da kommt die Katze
und sieht mich sitzen
mit gekreuzten Beinen ...
setzt sich neben mich,
kreuzt die Pfoten übereinander
und schnurrt.
Manchmal geht ihr etwas durch den Kopf.
Das sieht man an ihrer Schwanzspitze.
Sie atmet ruhig und tief,
das sieht man an ihrem Bauch.
Sie ist hellwach,
kriegt alles mit.
Aber nichts kann sie rühren.
Sie ist einfach nur da
und sonst nichts.
So sitzen wir nebeneinander.
Ich meditiere,
sie medi – tiert.

Kohlrabenschwarz auf ewiglich

Die Welt ist weiß, von Schnee so weiß,
und auf dem See das Eis knarrt leis.
Nur einer steht da nah am Eis,
der manches etwas besser weiß.

Die Welt ist weiß, nur ich bin's nicht!
Der Rabe schreit's ins Abendlicht.
Die Welt ist weiß, doch was bin ich?
Kohlrabenschwarz auf ewiglich.

Dann zog er seine Schlittschuh an.
Stand auf und reckte sich und dann ...
Dann lief er heim ganz ohne Schnaufen,
grad so wie Raben Schlittschuh laufen.

Winter

Der Winter macht nicht nur alles weiß,
der Winter macht auch aus Wasser Eis.
Sogar der Bach war zugefroren,
und alle Welt hatte rote Ohren.

Der Hund sprang aufs Eis
und fiel auf die Nase.
Lief jaulend nach Haus.
Das hörte der
Hase.

Der Hase nahm Anlauf
und schlittert im Nu
dreihundert Meter,
und da stand die
Kuh.

»Das Eis ist zu dünn,
und ich bin zu schwer!«
sprach die Kuh
und rief ihren Freund, den
Bär.

Der Bär kam grade vom Pizzaessen
und hatte natürlich die Schlittschuh vergessen.
Die Kuh rief: »Wie schade, mein Brummbär,
mein Süßer!«

Und davon erwachte der
Tausendfüßler.

»Tausend eiskalte Füße,
das muß doch nicht sein!«
klagte der Tausendfüßler dem
Schwein.

Das Schwein saß am Tisch
und war grad am Schmatzen.
»Ich hab keine Zeit, doch sag ich's den
Katzen.«

Die Katzen gähnten
und leckten ihr Maul.
»Zum Schlittschuhlaufen
sind wir zu faul.«

Sie gähnten so lang, bis es Frühling war,
und da war das Eis
auf dem Bach nicht mehr da.

Viel Himmel zwischen den Ohren

Tief im Süden wollte ich hoch hinaus
und stieg in die Berge hinein
einen mühsamen steilen und staubigen Weg.
Ich rastete und schlief ein.

Mit blutigem Rachen und schnappendem Maul
erschien ein gefräßiges Tier.
Ich hörte es schnaufen und schrie vor Angst,
und da ließ es ab von mir.

Ich wurde wach und blinzelte
noch schläfrig und traumverloren,
und da stand ein Esel, der guckte nur so –
mit viel Himmel zwischen den Ohren.

Der Dorfstraßenautobauernschweineaugenblick

Das Auto fährt durch die Straßenpfütze.
Der Dreck spritzt dem Bauern bis an die Mütze.

Der Bauer schreit so laut wie die Kuh:
Du dreimal dreckertes Dreckschwein du!

Der Bauer hat sich am Kopf gejuckt.
Sein Lieblingsschwein hat so komisch geguckt.

Plopp

Die Stille sitzt im Gartenteich
und gähnt und spricht:
Dies ist mein Reich.

Ein kleiner Frosch quakt:
Du täuschst dich
und ob!
Springt rein in den Teich,
und der Teich sagt:
Plopp!

Die Hummel

Eines Morgens mit großem Gebrummel
flog durch mein Fenster – eine Hummel,
die brummte und summte drei Runden lang,
dann flog sie über den Kleiderschrank.

Dann flog sie hinaus, und ich sagte: Huch,
das war aber ein kurzer Besuch.
Doch bald brummte wieder so ein Gebrummel,
sie war wieder da, die dicke Hummel.

Sie setzte sich auf mein Lieblingsbuch
und ruhte sich aus vom Hummelflug.
Dann flog sie zu wem, der nicht zuckte und schrie,
zum Mann auf dem Wandbehang, mitten aufs Knie.

Der Mann hat nicht geschimpft, nicht gelacht,
hat immer dasselbe Gesicht gemacht.
Die Hummel saß da und schlief glaub ich ein.
Hat sie geschnarcht? Sie brummte so fein.

Doch dann sssst, plop fiel sie hinab,
was ich genau beobachtet hab.
Und mit einem gefährlichen Ton
– der klang nach Hornisse – flog sie davon.

Ich dachte gerade: Jetzt ist sie weg.
Da kommt sie und sieht mich liegen im Bett

und brummt über mir, als wollte sie zetern,
da liegt ja noch einer in den Federn.

Doch manchmal, da muß man lang liegenbleiben,
sonst kann man ein solches Gedicht
gar nicht schreiben.

Einmal sprang der Frosch ins Wasser

Einmal sprang der Frosch ins Wasser,
überlegte lang.
Sprang bedächtig – plopp – hinein,
schöner Wasserklang.

Einmal sprang der Frosch ins Wasser,
eine schnelle Tat,
und das Wasser plitscht und platscht,
kühles Wasserbad.

Einmal sprang der Frosch ins Wasser,
hoch im schönen Bogen.
Wenn er jetzt noch Flügel hätt,
wär er fortgeflogen.

Der Gang zum Gong

Vom Stehen und Gehen

Stehen

Stehen
ist der Anfang vom Gehen.
Um stehen zu können,
muß man aufstehen.
Um zu gehen,
läßt man das Stehen
hinter sich.
Aus dem Gehen
kommt man wieder ins Stehen.
Es sei denn,
daß man vorher fällt.
Verflixte Welt!

Stehen, stehen, einverstanden

Ich stehe hier,
ob kurz, ob lang.
Ich stehe hier,
dies ist mein Stand.

Ich tue nichts,
ich steh nur da,
und steh es durch,
sehr leicht sogar.

Wer mich beschimpft,
das nehm ich hin,
weil ich nicht
unausstehlich bin.

Ich stehe hier,
nimm's mir nicht krumm.
Ich schau dich an
und mich nicht um.
Ich stehe da
mit mir allein.
Ich stehe da
und für dich ein.

Ich stehe da
und muß nicht gehn.
So ist das,
kannst du mich verstehn?
Auf meinen Füßen
steh ich hier
und bin von Kopf bis Fuß
aus mir.

Ich stehe grade
und nicht krumm.
Und du sagst nur:
Steh nicht so rum!

So geht's mit dem Gehen

Wenn das Kind die ersten Schritte geht,
sagt man, es hat laufen gelernt.
Wenn Kinder erst einmal gehen können,
geht es sehr schnell, und sie laufen lieber.
Und manchmal rennen sie auf und davon.
Komisch, was beim Gehen alles geht.
Zu ersten Freundschaften zwischen
Jungen und Mädchen
sagten wir: »Er geht mir ihr.«
Erwachsene fragen sich: »Wie geht's?«
Manchmal auch:
»Du gehst mir auf die Nerven!«
oder:
»Das geht mir nicht aus dem Kopf!«
»Geh mir aus der Sonne!« heißt,
mich stört dein Schatten!

Später kommt die Zeit,
da sagt man: Er ist noch gut
oder nicht mehr so gut
auf den Beinen.

Wenn jemand nicht mehr gehen kann,
geht es ihm sehr schlecht.
Wenn nichts mehr geht,
ist das Ende nah.

Wenn jemand gestorben ist, sagt man:
»Er ist von uns gegangen.«
So geht's.
Wie geht's?
Ach, es geht.
Na, dann geht's ja.

Beine

Beine haben Sohlen,
haben Hacken, haben Zehen.
Rechtes Bein
und linkes Bein,
eine Erde, einen Weg.
Grund genug zum Gehen.

Der Gang zum Gong

Ich ging den Gang
zum Gong entlang.
Den Gang zum Gong
ging ich entlang
und nahm den Schwengel,
und da klang
der Klang vom Gong
den Gang entlang,
bis daß im Gang
der Gong verklang,
verklang im Gang
der Gong so lang.

Schlafwanderlied

Bist du schon einmal zum Mond raufgelaufen?
Nein?
Dann sag ich dir, wie man das macht.
Du brauchst dazu einen ruhigen Tag
und eine sternklare Nacht.

Steck die Moonboots in deinen Rucksack hinein
und zieh deine Wollsocken an
und steige ganz leise die Treppe hinab,
daß niemand dich hören kann.

Dann gehst du der Nasenspitze nach
und setzt einen Fuß vor den andern.
Wer zum Mond rauf will, der braucht Ruhe und Zeit
für ein sehr gemächliches Wandern.

Nein, sing bitte kein Lied vom Marschiern,
das paßt nicht. Das merkst du schon.
Doch summe und brumm dich ganz warm in der Brust
und dem Mond einen Mondenton.

Dann merkst du, der Mond ist dir plötzlich sehr nah,
und du kommst an der Stelle an,
wo die Treppe steht, auf der man zum Mond
in Ruhe hinaufsteigen kann ...

Was? Du kannst die Treppe nicht sehn?
Das stimmt, sie ist unsichtbar,

doch wenn du den Mond dann noch länger anschaust,
dann merkst du, er kommt dir sehr nah.

Und wenn du ihn dann noch anlächeln kannst,
dann lacht er ganz still und ist froh,
weil du nicht in seinem Gesicht herumläufst.
Das mag er nicht … sowieso.

Er scheint dir zum Lohn deinen Heimweg hell
und schaut in dein Fenster hinein.
Den Rest von der Reise machst du jetzt im Traum.
Er bleibt noch und du …
schläfst schon ein.

Wolkenweg

Ich geh meinen Weg
und schaue nach oben
und höre meinen eigenen Schritt
und sehe da oben die weißen Wolken,
die wandern ganz deutlich mit mir mit.
Ich stoppe und sehe, da oben die Wolken
die bleiben genau wie ich plötzlich stehn.
Doch als ich ganz still stehe,
hab ich sie alle
sehr sachte weiterwandern gesehn.

Rheinreise

Ich sage: Eins.
Vorbei an Mainz.

Ich sage: Zwei.
An Kaub vorbei.

Ich sage drei:
Die Loreley.

Ich sage vier:
In Köln ein Bier.

Ich sage überhaupt nichts mehr.
Ich staune nur: Da ist das Meer.

Pauke, Posaune und Edeltraut

Vom Hören, Sehen, Riechen und Fühlen

Ballade vom Ton

Noch ist der Ton
ganz leise und klein,
doch er will in die Welt,
will hörbar sein.
Er
macht sich aus seiner Stille los,
erklingt und ertönt,
schwillt an und wird groß. –
Du kannst einen Ton
weder riechen noch sehn.
Du kannst ihn er-hören
und ein wenig verstehn.
Ist er leis' oder laut,
ist er schräg oder schrill?
Ist er sanft oder hart,
klingt er so, wie er will?
Verschwindet er – plopp –
wie der Frosch im Teich?
Ist die Stille danach
bei jedem Ton gleich?
Vibriert er im Herzen
und manchmal im Bauch
oder oben im Kopf,
in den Schultern auch?
Sind Ton und Stille
wie schwarz und weiß,
wie Licht und Schatten,
wie laut und leis'?

Aus der Stille heraus
kommt jeder Ton
und klingt wieder
in die Stille davon.
Vielleicht wird im Ton
die Stille zum Laut. –
Vielleicht ist die Stille
nicht leicht und nicht schwer,
aus verklungenen Tönen
ein ruhiges Meer.
Und du hörst es sanft rauschen,
bist ruhig und still.
Doch ein neuer Ton wartet,
spürst du, ob er will?
Die Stimmbänder schweigen,
du öffnest den Mund,
denkst an den Ton aus der Stille und
hast eingeatmet,
und alles ist klar,
so ertönt jetzt am Ende
von diesem Gedicht
ein schönes herzwarm getragenes …

A

AAAIIIOOOEEEUUU

Jetzt geht's los,
da bist du ja.
Wie wär's, du sagst einfach mal
laut klingend: A!
Was? Du winkst ab
und sagst: Jedenfalls
mach ich kein A,
denn ich hab nix im Hals.
Ein A auf Befehl,
das mach ich nicht, nie!
Na gut, wenn's zuviel ist,
probier doch mal einfach
ein spindeldürrwinziges,
stichnadelfeines,
schädeldeckenvibrierendes:

I

Du schmunzelst und sagst bedächtig:
Wiesoooo?
Dann eben ein glockentoniges,
bauchwadroniges,
rundmundtoniges
mit Staunen belohnendes:

O

Du schüttelst den Kopf
und sagst einfach: Nee!
Da ist sie schon
meine nächste Idee!
Wie wär's dann mit einem kehlkopfbelebenden,
redselig strebenden,
her und hin schwebenden:

E

Jetzt sagst du wütend:
Hör auf mit dem Schmuh!
Genau das brauch ich,
wer sagt es mir? Du!
Es kommt nämlich tief aus dem Menschenbauch.
Unke und Uhu rufen es auch.
Es kommt aus der Kuh
und steckt drin in Schuh.
Dieses schwerbäuchig runde,
schmunkunkelnde

U

Ich frage: Was willst du?
Da sagst du: Ahaa!
Das war kurz und gut
und gleich dreimal das

A

Herzklopfen

Es ist etwas Eigenartiges,
sein eigenes Herz klopfen zu hören –
etwas geheimnisvoll Nahes.
Manchmal spüre ich es nur,
wenn es zu schnell klopft,
und bekomme Angst.
Manchmal klopft es mir
zum Hals hinauf
oder rutscht in die Knie
und ab und zu sogar in die Hose.
Ist das Herz wieder oben,
vergesse ich schnell, daß es klopft.
Aber neulich habe ich
meinen Puls gefühlt
und ein Lied dazu gesungen.
Das ging mir zu Herzen,
aus dem es kam.

Herzmusik

Manchmal, wenn die Indianer
Musik machen wollen,
hören sie erst mal in sich selbst hinein.
Und was hören sie da?
Sie hören ihr eigenes Herz schlagen.
Und dann nehmen sie ihre Trommeln
und fangen an zu trommeln,
wie sie ihr eigenes Herz gehört haben:
Ba bumm Ba bumm Ba bumm.
Sie trommeln nicht einfach drauflos.
Sie folgen dem Rhythmus in ihrem eigenen Körper.
Und daraus entsteht die Musik,
aus dem Klang, der von innen kommt,
und aus dem Herzschlag:
ba…bum…ba…bum…ba…bum…ba…bum
anatonka yoti jahe!

Die Farben

Vom Himmel das Blau,
von den Mäusen das Grau,
von Tomaten das Rot
und das Braune vom Brot,
grüne Wiesen dabei
und das Gelbe vom Ei.

Zeitfarbenfolge

Morgengelb
Mittagsbläue
Abendrot
Nachtschwarz

Zum Gähnen

Das Gras ist weich,
die Welt ist weit,
oh, mittagsmüde Schläfrigkeit.
Das Gras ist weich,
die Welt ist weit.
Die Katze schnurrt, und ich hab Zeit.
Das Gras ist weich,
die Welt ist weit.
Die Biene summt. Kein Vogel schreit.
Das Gras ist weich,
die Welt ist weit.
Oh, schläfrige Glückseligkeit.

Das Gras ist weich,
die Welt ist weit.
Jetzt hab ich nur zum Träumen Zeit.
Das Gras ist weich,
die Welt ist weit.
Pssst, keinen Ton,
ich schlafe schon.

Atem

Der Atem
macht alle gleich.
Den größten Schurken
und den heiligsten Mann.
Ihr Leben dauert
vom ersten bis zum letzten Atemzug.
Der Atem
macht, daß auch die Geizigen
geben und nehmen müssen.
Und er verbindet den Kosmos
mit meiner Nase.
(Hatschi!
Schau, wie die Sterne wackeln!)

Kugelballscheibe

Eine gloriose Kugel
ein leuchtender Ball
eine goldgelbe Scheibe
ein gigantisches Spiegelei
eine riesige Blutorange
eine angebissene Apfelsine
ein goldener Fallschirm über der Wolke
ein halber Leuchtballon
eine verlorene Blutorangenschale
ein Orangenschalenrest
ein goldener Ring hinter der Wolke
ein verschwindender Schimmer.
Nichts.
Jemand sagt:
Die Sonne ist weg.

Pauke, Posaune und Edeltraut

Das Zirpen einer Meise,
das Trippeln einer Maus,
das Atmen der Mutter
und der Wind ums Haus.

Ein Löwe, der brüllt,
ein Tiger, der faucht,
eine Schlange, die zischt:
Worte leis … fast gehaucht.

Pauke, Posaune und
Edeltraut.
Wer was will,
der wird auf seine Art laut.

Wecker, Trompete und
Telefon.
Jedes Ding hat
seinen Ton.

Wenn du kommst –
das Quietschen vom Gartentor …
Danke, danke,
liebes Ohr.

Vom Schweigen der Indianer

Indianer sind Menschen,
die sagen ihren Kindern nicht:
Jetzt seid mal endlich ruhig.
Oder: Halt den Mund,
du bist noch ein Kind!
(Dabei ist der Mund doch angewachsen,
wie soll man ihn halten?)
Sie machen ihren Kindern
Freude an der Stille.
Sie setzen sich hin und hören zu,
wenn nichts laut wird ...
Sie sehen, wo es nichts zu sehen gibt,
und hören, wo es nichts zu hören gibt.
Vieles hören sie dann wie neu. ...
Wie in einem Traum
hören sie die Worte des Wassers,
die Gespräche der Fische
und das Wachsen des Grases.
Und sie hören in der Stille,
wie alles miteinander verbunden ist:
Der Mensch und die Erde ...
das Sandkorn und der Stern ...
der Wind und das Gras ...
der Himmel und der Mensch.

Klagelied eines Menschenbauchs

Ich bin ein Bauch,
mich gibt es auch,
ich bin dir sehr gewogen.
Doch hast du dich geschämt
und mich
fast immer eingezogen.
Ich bin ein Bauch,
faß mich mal an,
ich bin die Mitte
von Frau und Mann,
doch wie gesagt: Ich soll nicht sein!
Du ziehst mich immer wieder ein
und schnürst mich ab
und schnürst mich zu.
Den Gürtel fest
und ohne Ruh
das Essen rein,
bin selten leer,
als ob ich nicht gern leichter wär.
Und atmest du
hoch in der Brust,
ich hab doch auch zum Atmen Lust.
Ich möchte mich gern mitbewegen,
nicht eingezogen an dir kleben.
Und außerdem,
das ist gemein,
will ich kein Schnitzelfriedhof sein

und keine Bratwurstendstation,
das drückt mich sehr,
hab nichts davon.
Auch mag ich mich in keiner Weise
als Sahnetorteneinflugschneise.
Ich träum von einem leichten Leben,
will gern vor Lachen wackeln, beben –
und innendrin (tust du gut kauen),
will ich, was kommt, auch gut verdauen.
Nur nicht so viel,
denn so ein Magen
ist doch kein leerer Lastkraftwagen.
Beim Singen brumm ich schon mal mit
und töne gern
und summe auch,
laß schöne Klänge zu mir kommen,
dann fühlt er sich sehr wohl,
dein Bauch.
Der Rhythmus steckt nicht nur im Blut,
nein, nein, er steckt im Bauch,
denn bist du richtig in ihm drin
kommt er von unten rauf.
Aus mir, dem Bauch, kommt deine Kraft
in Arme und in Beine.
Dein Kopf, der mag mich manchmal nicht,
der läßt mich oft alleine.
Ich bin die Mitte
deines Leibs.
Ich bin dir sehr gewogen.
Wenn du von mir

nichts Gutes spürst,
hast du dich selbst betrogen.
Ich bin dein Bauch,
faß mich mal an,
ich bin die Mitte von Frau und Mann.
Du streichelst mich,
das freut mich auch.
Danke fürs Zuhörn.
Das war's. Dein Bauch.

Nasenweisheit

Da war mal eine Mutter,
die sprach zu ihrem Kind:
»Wer morgens nicht nach Seife riecht,
der stinkt, jawohl, der stinkt.«

Da sagt das Kind: »Wieso denn?
Jetzt sag ich was zu dir:
Ich stinke nicht, ich stinke nicht,
ich riech nach mir.«

Bullenhitze und Lausekälte

Von Wind und Wetter

Tierisches Wetter

Erst Bullenhitze,
dann lausig kalt,
und jetzt regnet es,
daß kein Hund auf die Straße geht
und wir naß wie die Katzen herumlaufen und sagen:
So ein Sauwetter!

Der Tropfen

Der Tropfen
fiel und
 fiel
        und
              fiel
nein, nicht in den Dreck,
sondern auf meinen Hut.
Da kam die Sonne
und leckte ihn weg.
Nun gut.
Das tat sie in Ruhe
und ungestört,
doch ich
hab sie heimlich
schmatzen gehört.

Gruß vom Herbst an den kommenden
Frühling oder Faschingsdienstag,
ganz nebenbei – oder
Kleines Erlebnis der langsamen Schritte

Auf dem hartgefrornen Weg
tanzt ein altes Eichenblatt
froh im Frühlingswind.

Regenlied

Es regnet, es regnet,
der Nase, der begegnet
ein dicker runder Tropfen
und der tut auf sie klopfen.
Und wie und was,
da wird die Nase naß.

Es regnet, es regnet,
und was mir da begegnet,
sind wunderbare Pfützen,
in denen kann man spritzen,
in denen kann man patschen,
in denen kann man matschen
als Pfützenkapitän,
das solltet ihr mal sehn.

Es regnet, es regnet,
oje, wieviel es regnet,
die großen grauen Wolken,
die werden jetzt gemolken,
der Wind mit kalten Händen,
tut das an allen Enden.
Und wie und was,
da wird die Erde naß.

Es regnet, es regnet,
oje, wieviel es regnet.

111

Es regnet auf die Berge
und auf die Gartenzwerge
und auf die großen Dächer
und in den Eierbecher.
Und wie und was,
das alles, das wird naß.

Es regnet, es regnet,
der Regen, der begegnet
am Ende noch dem Meer
und das sagt: Bitte sehr,
was soll denn das, ich bin schon naß,
das Meer ist doch kein Regenfaß.
Hör auf mit deinem Weinen.
Jetzt soll die Sonne scheinen.

Die Sonne, die Sonne,
die gute warme Sonne.
Die scheint jetzt auf die Berge
und auf die Gartenzwerge
und auf die größten Dächer
und in den Eierbecher.
Und sogar meine Socken,
die werden wieder trocken.

Sonne und Nordwind

Die Sonne trifft den Nordwind.
Ha, sagt der Nordwind, ich bin kalt!
Die Sonne lächelt.
Ha, sagt der Nordwind, ich bin stark!
Die Sonne lächelt.
Ha, sagt der Nordwind, ich bin mächtig!
Die Sonne lächelt.

In der weiten Ebene
sehen sie einen schwarzen Punkt.
Der Punkt ist ein Mann
in einem schwarzen Mantel.
Den werde ich ihm ausziehen,
sagt der Nordwind.
Das kann ich auch, sagt die Sonne.
Ha, ha, lacht der Nordwind,
der Stärkere bin allemal ich.
Dann laß uns wetten, sagt die Sonne.

Der Nordwind weht.
Der Mann geht weiter.
Der Nordwind brüllt.
Der Mann hält den Mantelkragen fest.
Der Nordwind rast.
Der Mann beugt sich nach vorn,
den Mantel fest umschlungen.

Die Sonne scheint.
Der Mann geht weiter.
Die Sonne scheint.
Dem Mann wird warm.
Die Sonne lacht.
Der Mann gähnt ...
zieht den Mantel aus,
setzt sich zur Ruhe.

Gewonnen, sagt die Sonne
und lacht dem Nordwind
in sein kaltes Gesicht.

Glatteis

Glatteis, Glatteis,
alles ist gefroren.
Die Nase und der Bürgersteig,
die Straße und die Ohren.

Dum dum — ssssst-bop.

Glatteis, Glatteis,
kein Hetzen und kein Schnaufen.
Die Großen müssen langsam gehn,
als lernten sie grad laufen.

Dum dum — ssssst-bop.

Glatteis, Glatteis,
die Straße ist glasiert.
Jetzt braucht man einen Standpunkt, sonst
ist ganz schnell was passiert.

Dum dum — ssssst-bop.

Glatteis, Glatteis,
verflixt, ist das gewitzt!
Das Gleichgewicht kommt erst, wenn man
auf seinem Hintern sitzt.

Dum dum — ssssst-bop.

Glatteis, Glatteis,
wir essen Käsekuchen.
Die Straße ist 'ne Schlittenbahn,
die Autofahrer fluchen.

Dum dum — ssssst-bop.

Glatteis, Glatteis,
ist auch einmal vorbei.
Ich springe aus dem Haus und merk:
das Laufen ist wie neu.
Ratapamtamtam
ratapamtamtam
tatatamtamtam.

Plötzliche Flaggenhissung im Kirschbaum oder
Geheimnisvolles Signal durch
spiralige Landluftbewegung oder
Wie Heinrich zu einer Windhose kam

Schon war er weg,
der Wirbelwind.
Doch im Kirschbaum hängt
eine neue Fahne:
Nachbars Hose.

Gedicht über einen Herbsttag,
der morgens um zehn genauso aussieht
wie nachmittags um fünf

Ein letzter Apfel
liegt am Weg.
Die Krähen schreien.
Die Schlehen nicht.

Der Tag ist wie
ein müdes Huhn
und gar kein Grund
für ein Gedicht.

Vom Hören des Windes

Wer hören will
muß fühlen –
das heißt, beim Windhören
frieren.

Wer den Wind
kommen sehen will,
dem bläst er ins Gesicht.
Wer ihm nachschaut,
dem macht er
einen kalten Rücken.

Im Wehen des Windes
ist etwas,
das Angst und Gänsehaut,
aber dann auch das Herz
groß und weit macht.

Der Wind
ist ein Tanzmeister
der Erinnerungen.
Er läßt die Blätter vom letzten Jahr
tanzen.

Manchmal
bläst der Wind,
als wolle er die ganze Erde fortblasen
bis hinauf auf den Mond.

Manchmal träumt der Wind
von Riesen,
die gigantisch atmen
und schnauben und stöhnen
und ruhig werden und schlafen.

Manchmal
ist der Wind nur ein Hauch,
der deine erschauernde Haut streichelt,
bevor es still wird.

Der Wind kommt
aus dem Nichts
und
weht wieder ins Nichts
werweißwohin.

*Gedicht für den allerkürzesten
Tag des Jahres –
im Kinderfunkton vorzutragen*

Nun,
liebe Kinder,
aufgewacht!
Wir wünschen
eine gute Nacht!

Pfütze und Himmel

Ich bin eine Pfütze,
und ich entstand
auf der Erde mitten im Dreck.
Der Regen, der mich regnete,
bin ich –
aber er
ist weg.

Und wer mich eine Dreckpfütze nennt,
dem kommt es wohl nicht in den Sinn,
daß ich im Gegensatz zum Dreck
rein himmlischer Herkunft bin.

Ja, ja, ich werde verdunsten im Dreck
auf der Erde, das ist besiegelt –
doch der ewige Himmel hat sich in mir
eine ganze Weile gespiegelt.

Ein Tag ist laut

Ein Tag ist laut
    ein Tag ist leis.
Ein Schaf ist schwarz
    ein Schaf ist weiß.
Eine Wolke ist groß
    eine Wolke ist klein.
Eine Stunde mit allen
    eine Stunde allein.
Ein Baum ist lebendig
    ein Baum ist tot.
Eine Rose ist weiß
    eine Rose ist rot.
Leben im Leben
    und vor dem Tod.
Eine Rose ist weiß
    eine Rose ist rot.

Unnatürliches Naturgedicht

Als das Wasser ertrank
und das Feuer verbrannte,
fiel der Himmel aus allen Wolken,
und die Erde fragte:
Soll ich mich jetzt begraben lassen?

An den Leser

Wenn du
dieses Gedicht liest,
bin ich nicht mehr der,
der ich war,
als ich dieses Gedicht schrieb.
Die Zeit ist ein Dieb.
Sie hat mich
mit sich hinausgezogen.

Wenn ich sagte,
ich wär's jetzt,
dann wär das gelogen.
Doch du
bist jetzt da
und liest dies Gedicht.
Verflixt noch mal,
das wußte ich nicht.

Und doch sind wir
zu dieser Stunde
durch Worte
miteinander im Bunde.
Du bist jetzt hier,
und ich bin da,
was eben noch ganz anders war.

In Worten
kannst du ein Stück mit mir gehn

und Dinge mit mir gemeinsam sehn.
Vielleicht hilft's dir auch ein kleines Stück
zu einem für dich ganz eigenen Blick.
Du spürst aus den Worten,
aus Rhythmus und Klang
vielleicht meinen Atem,
vielleicht meinen Gang.

Wie ich schaue,
wie ich hingucken tu,
die Füße auch barfuß
oder immer im Schuh?

Riecht meine Nase
noch aufmerksam hin,
und was haben die Ohren im Sinn?
Hab ich nur mit Gedanken gespielt
oder mit eigenen Händen gefühlt?
Kreuz und quer
klingen Worte in meinem Gedicht,
und dann spürst du das alles
oder auch nicht.

Doch immerhin
hast du's bis hierher gelesen,
bist mir wörtlich
auf der Spur gewesen.
Bald wird es gedruckt,
kriegt ein ernstes Gesicht.

Du hast's jetzt gelesen,
und ich kenne dich nicht,
doch du mich schon etwas
durch dieses Gedicht,
das mit den Zeilen
zu Ende geht:

Das war's,
mach's gut,
ich geh –
es ist spät.

Inhalt

Trauerkloß und Augenstern
Vom Miteinandersein 5

Loch in der Landschaft
Kleine Dinge und Augenblicke 21

Meine bielen Monsterlieblinge
Wenn Sprache an zu hüpfen fängt 31

Vier Gedichte dieser Sammlung wurden mit freundlicher Erlaubnis des Gertraud Middelhauve Verlags nachgedruckt: *Kohlrabenschwarz auf ewiglich* und *Winter* aus »Weihnachtsgrüße«, *Die Farben* aus »Mäusepfiff und Himmelsblau« und *Nasenweisheit* aus »Fischbrötchen beim Friseur«, alle Gertraud Middelhauve Verlag, München © 1983, 1986, 1990.